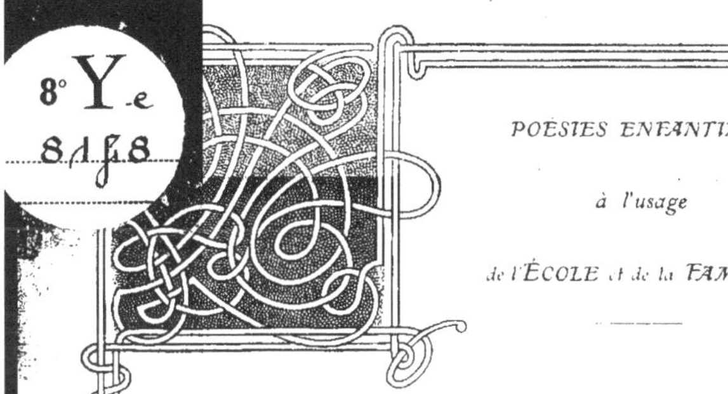

POÉSIES ENFANTINES

à l'usage

de l'ÉCOLE et de la FAMILLE

Alexis NOËL

Le Chemin de l'École

Librairie Armand Colin

Rue de Mézières, 5, PARIS

Prix : 90 cent.

Le Chemin de l'École

ALEXIS NOËL

Le Chemin
de l'École

POÉSIES ENFANTINES

Avec Préface de M. N. BONY, Inspecteur de l'Enseignement primaire.

Librairie Armand Colin

Rue de Mézières, 5, PARIS

1911

PRÉFACE

❖

Il y a quelque temps, j'avais pour compagnons de voyage, en chemin de fer, un ouvrier, sa femme et leur petit garçon. Mes voisins déjeunaient. Le repas fini : « Maintenant, dit le papa à l'enfant, récite-nous une fable. »

Le garçonnet se leva, sans se faire prier, et après une minute de réflexion, commença : *Le Distrait* (page 12). Avec beaucoup d'intelligence et en accompagnant son récit de gestes discrets, il montra Jean penché sur la table de classe, dans l'attitude du recueillement ; puis il fit vagabonder l'imagination du distrait de l'école à la grange, de la ferme à la campagne ; il suivit des yeux le cerf-volant dont sa main semblait tenir la ficelle. Tout à coup, d'une voix rude, il posa la question du maître :

« Jean, deux et deux, combien ça fait-il ? »

De son agréable rêverie l'infortuné distrait tombait dans la fâcheuse réalité.

Les parents suivaient, charmés, le récit de leur petit garçon ; ils échangèrent ensuite leurs impressions, et j'eus l'indiscrétion de prêter l'oreille. Rien n'avait échappé à ces

braves gens, d'une instruction pourtant bien élémentaire :
ni la justesse des détails qui mettent en relief la distraction
d'un écolier, ni la déconfiture du pauvre Jean, ni enfin la
leçon morale que renferme ce récit. La maman en prit
même occasion pour rappeler à son enfant qu'il ressemblait
parfois à Jean, et que cette habitude pouvait avoir de fâ-
cheuses conséquences.

Les poésies enfantines de M. Alexis Noël, que la *Méthode
de Langue française* de MM. Brunot et Bony a fait connaître, et que l'on trouvera rassemblées dans ce volume avec
d'autres compositions inédites du même auteur, ont déjà
donné lieu, sans doute, à bien des scènes analogues à celle
que je viens de rapporter. C'est que parents et maîtres y
retrouvent, non l'enfant conventionnel de certaines fables,
dont la naïveté confine au ridicule, non l'enfant privilégié
qui monte « le perron du château » ou qu'un précepteur
disert sermonne à tout propos, mais l'enfant de la ville qui
est obligé de se tirer seul d'affaire, et qui rentre au logis
« en prenant bien garde aux voitures », l'enfant de la campagne, un peu fruste d'allure, dont le poing est souvent levé
(*Brutalité inutile*, page 16), mais qui, l'instant d'après, fait
face au danger et d'un coup de bâton, « coupe en deux la
vipère » qui effrayait son camarade (*La Vipère*, page 45).

On le devine facilement : l'auteur a vécu au milieu de ces
petits ruraux qui fréquentent « le grenier plein de paille »
et qui volontiers « barbotent autour du puits » (*Le Jeu*,
page 13); il a assisté à leurs jeux un peu tapageurs, mais
si vivants; il a écouté leur langage, au vocabulaire restreint,
aux tours sommaires, mais où ne manque ni la saveur, ni
le pittoresque. Et ainsi préparé, M. Alexis Noël a parlé la
langue qui convient aux enfants : systématiquement, il a
adopté une forme très simple, il a appelé toute chose par

son nom, et a résisté parfois aux occasions qui s'offraient de faire « de la littérature ». Et nous l'en félicitons.

Pourtant d'aucuns prétendent qu'il n'est pas nécessaire, pour être compris des écoliers, de se condamner à un lexique aussi restreint, de s'interdire les images familières à la poésie, et qu'avec des explications suffisantes, on met à la

portée des tout jeunes enfants ce qui est digne d'être retenu dans les œuvres de nos grands écrivains. Le malheur est que les enfants eux-mêmes ne partagent pas cette opinion : ils aiment à entrer en relation avec les acteurs, sans interprète savant ; ils préfèrent les récits où les personnages leur apparaissent près d'eux, au point de pouvoir les dessiner avec précision. Voici le dessin d'un enfant de huit ans, qui avait appris seulement par audition le récit : *Le Grand-Père* (page 36). Aussi savent-ils gré à l'auteur qui fait effort pour se mettre réellement à leur portée ; qu'on en juge.

Dans une classe enfantine, une institutrice venait de lire un récit à la fois très simple et très touchant ; elle se proposait de faire connaître à ses élèves le nom de l'auteur qui les avait si vivement intéressés. « Savez-vous, continuat-elle, qui a écrit cela ? ». Un bambin de sept ans interrompit la confidence : « C'est, bien sûr, M. Alexis Noël ! » Il se trompait ce jour-là ; mais quel écrivain n'envierait ce cri de reconnaissance d'un enfant ?

N. BONY,

Inspecteur de l'Enseignement primaire.

LOUISE ET JEAN

Petit Jean et sa sœur Louise
Seront les héros de mes vers ;
Tous deux, à tort et à travers,
Je les promène et les déguise,

Et leur donne, pour mes besoins,
Cinq, sept, huit, dix ans, douze ans même !
Qu'importe, pourvu qu'on les aime,
Que Jean ait plus, Louise moins ?

Ils ont, ainsi que tout le monde,
Des défauts et quelques vertus.
Des défauts, quel en a le plus ?
C'est celui que le plus on gronde.

Vous les verrez un peu partout,
Aujourd'hui pauvres, demain riches :
Les poètes ne sont pas chiches
De parer les gens à leur goût.

Je leur donne pour camarades
Le chien Pyrame et le chat gris,
Des loups, des agneaux, des souris,
Bref, des animaux de tous grades.

Et ces animaux, avec eux,
Parleront la langue des fables ;
Les méchants se feront affables
Pour participer à leurs jeux.

Les voici donc : Jean et Louise.
Petits, prenez-les par la main,
Et faites le même chemin
Qu'avec eux j'ai fait à ma guise.

AUBADE

Les coqs chantent à gorge pleine
De basse-cour en basse-cour ;
Cocorico ! Voici le jour !
Le soleil grandit sur la plaine,

Et tout se dore par ses soins :
Le champ, la route, la chaumière ;
Il a réveillé la fermière,
Depuis deux heures pour le moins.

La maison du boulanger fume ;
On entend résonner l'enclume,
Et la meule tourne au moulin.

Une cloche au loin fait « drelin » ;
Des gamins vont en bande folle...
Allons, petit Jean, c'est l'école !

LE RÉVEIL

Dehors, il fait froid, c'est l'hiver,
Le ciel est gris, la terre est blanche...
Sept heures !... Sur mon lit de fer,
Ma mère, tendrement se penche.

Les arbres sont pleins de grésil,
La bise siffle sur la route...
Maman dit : « Allons, sois gentil,
Réveille-toi, mon Jean, écoute. »

En un bond me voici debout !
Je m'étire un peu, je grelotte ;
Mais il ne fait plus froid du tout
Lorsque j'ai passé ma culotte.

D'ailleurs, rien ne donne aussi chaud
Que l'eau fraîche à pleine cuvette ;
Pas un petit coin de ma peau
Où je ne passe la serviette.

Le maître pourra, s'il lui plaît,
M'examiner, même à loupe...
« Je suis vêtu, me voilà prêt,
Maman, tu peux verser la soupe ! »

LE DÉPART POUR L'ÉCOLE

« Va, mon enfant, au revoir ;
J'irai te chercher ce soir,
Quand tu sortiras de la classe.
Fais bien tout ce que tu dois ;
Ne mets pas d'encre à tes doigts.
Va, mon enfant, maman t'embrasse. »

Jean quitte la douce main.
Sa mère, au bord du chemin,
Le suit des yeux jusqu'à l'école.
Lui pense : « Il faut pour le moins
Que je gagne trois bons points.
J'ai promis, je tiendrai parole. »

L'ENFANT PROPRE

Petit Jean est luisant et net.
Sa figure, bien éveillée,
Est rose et fraîche, encor mouillée
Près des tempes sous son bonnet.
Vous ne verrez, tant il les frotte,
La moindre crotte
A ses souliers,
Les cordons en sont bien liés
Et le soleil d'or s'y reflète.
Pas une tache au pantalon,
Rien de trop court, rien de trop long ;
Sa tenue en tout est parfaite.
Il fait honneur à ses parents,
Il ravit des petits aux grands,
Et petits et grands lui font fête.

LA SOURNOISE

« Minet, Minet, disait Louise,
Viens jouer avec moi;
Viens, j'ai dans mon panier, pour toi,
Une friandise. »
Minet, tout confiant, s'approche, le dos rond ;
Il se frotte, et puis fait ronron…
Elle, sournoisement, lui tire la moustache,
Minet se fâche :
« Ce n'est pas ça, dit-il, que tu m'avais promis ;
Adieu. » *Faire du mal aux animaux, c'est lâche,*
Et les sournois n'ont pas d'amis.

EN ALLANT

A

L'ÉCOLE

L'esprit content, le pied agile,
En bon petit garçon
Qui sait par cœur sa leçon,
Jean se dirigeait vers la ville.
Sur son chemin, il rencontre René
Qui lui dit : « Jean, l'heure n'a pas sonné ;
A quoi bon arriver en classe avant la cloche ?
Écoute, j'ai des billes dans ma poche,
Installons-nous ici ;
Jouons, veux-tu ? — Non, répond Jean. Merci !
— Qui te presse ?
On est toujours puni trop tôt !
— Puni ! parle pour toi, dit Jean qui se redresse ;
Je sais ma leçon mot à mot. »

Manquer l'école est un vilain défaut,
Cousin germain de la paresse.

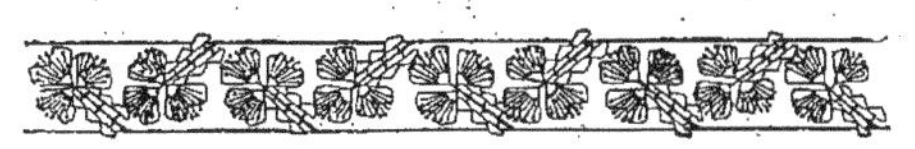

LE BON JOUEUR

Pierre et Jean, pour tenter fortune,
Lançaient leurs billes dans un trou ;
Grand Pierre était sûr de son coup,
Petit Jean n'en mettait pas une !

Il perd. Plus de billes, plus rien !
Il regarde, le pauvre mioche,
L'œil humide, filer son bien
Et ses billes changer de poche !

Mais Pierre, voyant son chagrin,
Avec des manières gentilles,
Lui dit : « Va, Jean, reprends tes billes ;
J'aime mieux le jeu que le gain. »

LE MARCHAND

DE PEAUX DE LAPINS

Le dos rond, traînant le sabot,
Voilà père François qui passe,
Convoyant la charrette basse,
Que tire son vieux bourricot.

Entendez son cri sur les routes !
Il n'achète pas que les peaux,
Mais les fers, les chiffons, les os,
Les vieux habits, les vieilles croûtes.

Ma mère, quand il vient chez nous,
Vend tous nos déchets au bonhomme.
Elle dit, en femme économe :
« Pour faire un franc, il faut vingt sous ! »

LE DISTRAIT

Jean est un bon petit garçon,
Mais il est distrait en diable !
La tête dans ses mains, les coudes sur la table,
Les yeux plongés dans sa leçon,
Vous croyez qu'il travaille ?
Non.
Il pense au grenier plein de paille,
Où l'on se culbute si bien,
Il pense à Pyrame, son chien,
Ou peut-être à son chat Moustache,
A la marelle, à cache-cache,
Au cerf-volant qu'on tient au bout d'un fil...

« Jean ! deux et deux, combien ça fait-il ? »
Demande tout à coup le maître...
Jean, penaud autant qu'on peut l'être,
Regarde le plafond et puis par la fenêtre
Et se trouble et ne répond point.
« Jean, vous n'aurez pas de bon point. »

LE JEU

Si Jean devient un grand garçon,
C'est qu'il fait beaucoup d'exercice.
Aussitôt qu'il sait sa leçon,
Il sort, il saute, il court, il glisse ;
Et puis,
Sans barboter autour du puits,
Il rentre en prenant bien garde aux voitures.
Il aime le ballon plus que les confitures ;
Il joue à la marelle, à cache-cache, au fouet ;
Il se fait de tout un jouet.
Aussi, poussant des bras, des jambes et du buste,
Comme il est adroit et robuste !

LE PARESSEUX

Maurice n'a qu'un seul défaut,
Mais ce défaut en vaut bien quatre.
Gustave est indocile, Émile aime à se battre,
Moi-même ne suis pas sans défaut, il s'en faut !
Je suis distrait, gourmand, bavard, peut-être pire...
Mais Maurice, Maurice... (oserai-je le dire ?)
Maurice est ... fainéant.
Il boude sa maman,
Le matin lorsqu'elle l'éveille :
On doit le tirer par l'oreille
Pour qu'il aille à l'école. Il part,
Mais flâne sur la route et se met en retard.
Il s'échoue à son banc plutôt qu'il ne s'installe.
Il ne sait rien, n'ayant rien appris. Il est sale,
Il a les doigts pleins d'encre, ainsi que ses cahiers,
Et marche sur ses cordons de souliers.
Quand on joue, il se traîne inactif et maussade,
Tandis que la classe gambade.
Il est à charge au maître, et, pour les écoliers,
C'est un dangereux camarade.

LA RÉCOMPENSE

Un soir, Jean rentre sans bon point.
Il dit : « Mère, ne gronde point,
Mon problème était faux, je n'ai pas eu de chance.
J'ai bien travaillé cependant !
— Alors, dit-elle, sois content :
Le travail par lui-même est une récompense.

Le travail pour porter des fruits
Demande des jours et des nuits.
Vois ton père, mon Jean : il laboure en automne.
Puis il sème ; puis vient l'hiver,
Et puis passent le printemps vert,
Juin, juillet, août… Alors seulement, il moissonne. »

LE

GRAND-PÈRE

ET

LE LIVRE

« A quoi bon, disait un grand-père,
Tant bourrer la tête aux enfants?
J'ai vécu soixante et dix ans
Sans avoir appris la grammaire.

Bêcher, semer, faucher les champs,
Récolter les biens de la terre,
Mon fils, voilà la grande affaire ;
Tout le reste est perte de temps.

Allons, approche, ouvre ton livre ;
Montre-moi qu'on apprenne à vivre
En mettant des mots bout à bout... »

L'enfant sourit à l'homme d'âge
Et lut, au hasard d'une page :
Aime les parents avant tout.

BRUTALITÉ INUTILE

Louise mangeait un gâteau.
Survient petit Jean qui l'attaque
En criant : « J'en veux un morceau.
Donne, dépêche, ou je te claque !
— A quoi bon me faire du mal ?
Soit, dit-elle, prends la moitié de ma brioche.
Mais, j'en avais pour toi, brutal,
Mis une entière dans ma poche. »

LA SOUPE

Le ciel est bleu, la feuille est verte ;
Nous dînons la fenêtre ouverte
Pour laisser entrer le soleil.
C'est maman qui trempe la soupe :
« Mère, coupe-nous du pain, coupe ;
Le pain blanc fait le sang vermeil. »

On est bien autour de la table
Où fume le lait de l'étable.
Papa raconte et maman sert.
Contre son ventre, aucun ne boude...
De se sentir là, coude à coude,
N'est-ce pas le meilleur dessert ?

EN FAMILLE

J'aime les soirs d'hiver chez nous,
La bouillotte qui chante,
Tandis que la bise méchante
Frappe à la porte de grands coups.
Dehors, il fait très froid et tout est blanc de givre ;
Mais, dans le logis bien fermé,
Il semble que l'on soit plus chaudement aimé,
Et qu'il fasse encor meilleur vivre.
Ma mère coud, mon père prend un livre ;
Moi, sur un tabouret, entre eux,
Je joue ou bien j'apprends ma fable,
Jusqu'au moment où le marchand de sable
Passe et me ferme les yeux.

LES PETITS PAUVRES

Deux enfants, le long du chemin,
S'en allaient en tendant la main :
« Un petit sou, Monsieur, Madame.
La charité !... Soyez bonne âme,
Donnez au pauvre qui réclame
Un petit sou.

Nous cheminons des jours sans fin,
Mal vêtus, souvent ayant faim...
Un petit sou, Mesdemoiselles...
L'oiseau pour voler a des ailes,
Nous, nous voyageons sans semelles.
Un petit sou ! »

De petits sous, Jean n'en a point.
Il offre aux pauvres le bon point
Que vient de lui donner le maître.
Si sot que ça puisse paraître,
Ce bon point valait bien, peut-être,
Un petit sou.

L'AGNEAU

CHÉRI

O mon petit agneau chéri,
Tout frisé de la tête aux pattes,
Plus caressant que nos deux chattes
Et plus turbulent qu'un cabri.

O mon petit agneau que j'aime,
Chaque matin je cueillerai
L'herbe la plus fraîche du pré,
Et te la porterai moi-même.

Autour de ton cou blanc et rond,
Je veux mettre une faveur bleue,
Un petit nœud rose à ta queue,
Un petit nœud d'or à ton front.

Quand ta toilette sera faite,
Tu ressembleras, mon mouton,
Au mouton d'ouate et de carton
Que l'on m'a donné pour ma fête.

LA POUPÉE

Regarde ma poupée, Élise :
Quels jolis cheveux blonds elle a !
Ses lèvres sont couleur cerise
Et dans ses yeux bleus, que d'éclat !

Son pantalon et sa chemise
S'ourlent d'un léger falbala...
Regarde ma poupée, Élise :
Quels jolis cheveux blonds elle a !

Je la veux simple dans sa mise,
Mais coquette, sans tralala ;
Avec du goût, quoi qu'on en dise,
On peut concilier cela :
Regarde ma poupée, Élise !

LA COLÈRE

Jean est coléreux, tout l'irrite.
Un soir qu'il n'avait pas sommeil,
Ne s'en prit-il pas au Soleil,
De ce qu'à son avis, il se couchait trop vite !
En lui montrant le poing, il lui criait : « Capon,
Tu te sauves devant la Lune !
— Me sauver ! repartit le Soleil ; mon garçon,
Ton injure n'en est pas une.
Ne sais-tu pas que la Lune et la Terre
Ne sont rien que par moi ; que mon globe de feu
A sa guise, les fait tourner et les éclaire ?
Tu le savais, parbleu !
Mais on a l'air d'un sot à se mettre en colère ! »

LE COQ ET LES OISEAUX

Un jour, le coq se nomma roi
De tous les oiseaux du village,
Et, sans distinction de bec ou de plumage,
Prétendit leur dicter sa loi.
Le voilà qui prend la couronne,
Il impose, il taille, il ordonne ;
Il croit tout le monde attentif
Parce qu'il parle au *mode impératif*.
On rit des grands airs qu'il se donne.
« Sire, lui dit la fauvette, pardonne,
Mais au nom de qui règnes-tu ?
Nous ne t'avons pas élu,
Et les temps sont passés où le premier venu,
Portant épée ou redingote,
Mettait un peuple sous sa botte. »

L'AVEUGLE

ET

SON CHIEN

Un aveugle, pour tout bien,
N'avait que son chien.
On lui vola ce compagnon fidèle,
Dont l'instinct assurait ses pas.
Le voilà seul ici-bas !
Il gémit, il tâtonne, il se traîne, il appelle,
Il se sent aveugle deux fois.
Un passant répond à sa voix.
Par un hasard propice,
Cet homme était chargé de rendre la justice.
« Qu'y a-t-il, l'ami, pour votre service ? »
L'infirme, tout au long, lui conte son malheur,
Verse pleur sur pleur,
Trouve de tels accents que le juge s'enflamme.
Il prend la cause en mains ; il jure sur son âme
De trouver, d'arrêter, de punir le voleur !
L'aveugle dit : « Monsieur, je n'ai pas tant de haine.
Et me venger ne me donnera rien ;
Rendez-moi seulement mon compagnon de peine,
Mon chien. »

LE PETIT BATEAU

« Petit bateau, coque de noix,
Je tremble lorsque je te vois
T'engager sur la mer immense !
Dis-moi : Qui t'appelle au loin ? Où vas-tu ?
La voile se gonfle à ton mât pointu,
Et comme un fétu
Le flot te balance...
Pourquoi tenter la mort ?
Il faisait si bon dans le port,
A l'abri du grand vent et de la vague folle ? »
Le petit bateau répondit :
« Il faisait si bon dans ton lit ;
N'es-tu pas allé, pourtant, à l'école ? »

LA PIE ET LE CHIEN

Sur le bord d'une croisée,
Une pie apprivoisée
Jacassait du matin au soir.
Elle était fière, il fallait voir,
D'imiter le parler de l'homme,
De siffler des airs, de pousser des cris,
D'essayer des mots qu'elle avait appris
Dieu sait comme !
Notre bavarde, un jour, chercha querelle au chien :
« Vous êtes, lui dit-elle, un excellent gardien,
Et je ne vous dispute pas ce rôle !
Mais, entre nous, n'est-ce pas drôle
Que l'homme vous préfère à moi ?
— Pourquoi ?
— Qui de nous deux, en somme,
S'efforce le plus de complaire à l'homme ?
Vous ne prétendez pas que, par votre aboiement,
Vous le charmiez énormément !
Moi, je lui parle, et dans sa langue même !
— Qui cherche à trop prouver ne prouve rien,
Dit le chien ;
Vous lui parlez, soit ; moi, je l'aime ! »

LE CHIEN ET LE LAPIN

Un lapereau de quelques jours à peine
Prenait l'air au bord de son trou.
Passe un chasseur. Son chien flaire l'aubaine ;
Petit lapin rentre le cou.
Le terrier est étroit. Médor a forte taille.
Il tourne autour, va, vient, quête, gratte, bataille...
Mais n'y peut pénétrer au plus que le museau.
Voyant que par la force il n'a rien à prétendre,
Médor — ce chien avait de l'astuce à revendre —
Pince une autre guitare et parle « amoroso » :
« Petit lapin, dit-il, si tu voulais m'entendre,
Je connais, pas très loin d'ici,
Des prés où poussent à merci
Le thym, le serpolet, toutes les herbes vertes...
Avec moi tu ferais bien d'autres découvertes,

Viens donc ! » Mais le lapin lui répondit : « Merci.
J'aime, vois-tu, les garennes désertes
Où je naquis, où vivent mes parents.
Ma patrie est le coin que mon regard embrasse.
Si l'herbe, et j'en conviens, n'y pousse pas bien grasse,
Cette herbe est à nous. Tu comprends ? »

Maître lapin, tu parlais comme un sage.
Petits, et vous-mêmes, les grands,
Ne vous fiez pas trop aux amis de passage ;
Faites à leur égard ce que le lapin fit :
Tel donneur de conseils les donne à son profit ;
De par le monde, c'est l'usage.

LES PREMIERS PAS

La famille s'est rassemblée
Dans la grande salle d'en bas ;
Maman a dit, un peu troublée :
« Germaine fait ses premiers pas ! »

Germaine est la dernière née,
Elle a tout au plus quinze mois ;
Elle paraît tout étonnée
De voir tant de monde à la fois.

Car on fait cercle, on la regarde,
Chacun vers elle tend le cou.
Grand'mère s'écrie : « Oh ! prends garde ! »
Mais voici Germaine debout.

Toute en fossettes, toute ronde,
Germaine peut tomber sans mal ;
Elle fait risette à la ronde,
Piaffe comme un petit cheval.

Maman la retient par la robe.
Un pied ici, l'autre pied là,
Peu à peu l'enfant se dérobe
Et tout à coup s'en va, s'en va...

Elle roule comme un navire,
S'arrête et trébuche et repart,
Et s'arrête encore et... chavire...
On pousse un cri de toute part !

Ce n'est rien, petite Germaine,
Le sol pour vous n'est pas bien bas...
Sur la route où le sort nous mène
Germaine a fait ses premiers pas.

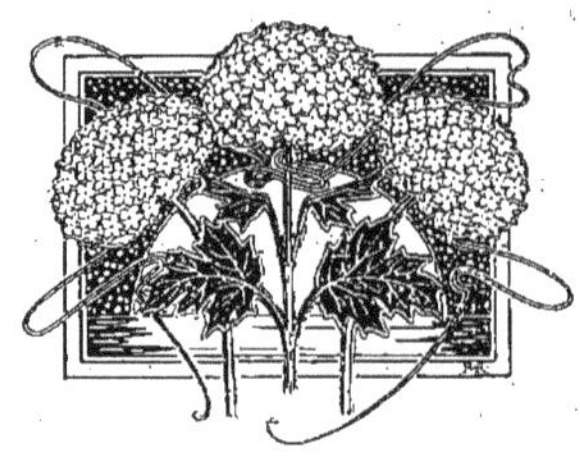

LA GOURMANDE

Ma petite sœur est gourmande,
Si ce n'est pas un grand défaut,
On ne saurait dire assez haut
Qu'une faute est toujours trop grande.

Elle préfère au pain la viande,
Et ne la préfère que trop :
Ma petite sœur est gourmande,
Ce n'est pas un bien grand défaut.

Parlez-lui chocolat, sirop,
Elle en demande et redemande ;
Mais à force d'en prendre, il faut
Parfois aussi... qu'elle le rende...
Ma petite sœur est gourmande.

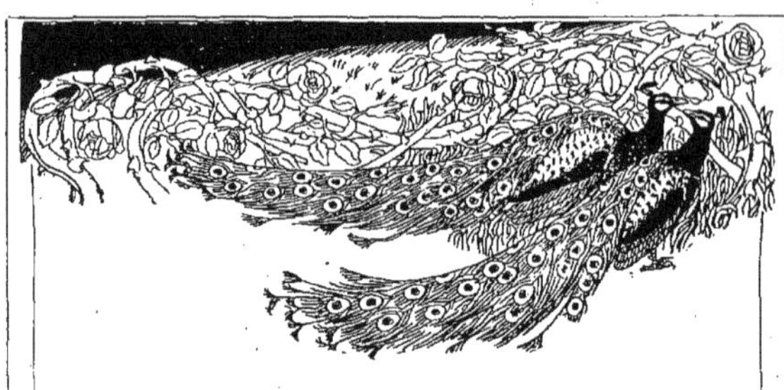

LA VANITÉ

Toute chose a son temps et n'abusons de rien.

Petit Pierre chantait si bien
Qu'il charmait tout son voisinage.
Pour l'entendre, on venait des deux bouts du village,
Et devant sa maison, les jeunes et les vieux
L'applaudissaient à qui mieux mieux.
Hélas ! tant de succès lui troubla la cervelle.
Rien n'est plus sot qu'un orgueilleux.
Pour qu'on lui dît que sa voix était belle
Et recueillir quelques bravos,
Matin et soir, partout, à tous propos,
Pierre allait, répétant ses refrains à la ronde.
Il chanta tant qu'il lassa tout le monde.
Ses parents, ses cousins, ses amis les meilleurs
Disaient : « Ne peut-il donc aller chanter ailleurs ? »
On le fuyait comme la peste.

Voilà ce que l'on gagne à n'être pas modeste.

LA MAISON BIEN TENUE

La plus gentille maison
Est celle de Jeanneton.
Ce n'est pourtant qu'une chaumière
Qu'enclôt une simple barrière.
La plus gentille maison
Est celle de Jeanneton.

Depuis le sol jusqu'au toit,
Tout est propre, net et droit.
Le long du mur la vigne grimpe
Comme un volant sur une guimpe ;
Depuis le sol jusqu'au toit,
Tout est propre, net et droit.

Si, dedans, rien n'est cossu,
Tout brille comme un écu :
Le lit blanc, la table, la huche ;
On se mirerait dans la cruche !...
Si, dedans, rien n'est cossu,
Tout brille comme un écu.

On n'a jamais vu, dit-on,
Poussière chez Jeanneton.
L'ordre et le soin, dans toute chose,
Font que le noir y paraît rose...
On n'a jamais vu, dit-on,
Poussière chez Jeanneton.

On m'a parlé, bien des fois,
Des palais de feu nos rois.
Palsambleu ! que pouvaient-ils être
Près de la maison qui vit naître
Cheveux d'or, visage rond,
Et doux yeux de Jeanneton ?

LE GRAND-PÈRE

Le grand-père est assis dans son fauteuil de paille :
A droite, le chien jaune, à gauche, le chat gris,
L'un songeant à la chasse, et l'autre à ses souris...
Mais le grand-père, lui, ne songe pas, il bâille.

Il bâille, car ce soir, il lui tarde beaucoup
D'entendre revenir petit Jean de l'école ;
Il aime de l'enfant la turbulence folle,
Son sourire, ses yeux, son geste, sa voix, tout.

Mais soudain, petit Jean rentre et se précipite
Au cou du bon vieillard qui tremble en le voyant :
« Avons-nous été sage, attentif, peu bruyant ?
Et notre fable, Jean, comment l'avons-nous dite ?

— J'ai gagné deux bons points, grand-père, presque
[trois :
Un bon point d'écriture, un autre de mémoire ;
Dis, grand-père, veux-tu raconter une histoire ? »
Et grand-père commence : « Il était une fois... »

AGIR VAUT MIEUX QUE PARLER

Voici Mars. Il pleut, il vente,
La terre et le ciel sont en eau…
Un chariot pesant gravit la rude pente
Qui va de la ville au hameau.
L'attelage est à bout. Le charretier, en tête,
Tient l'animal au mors, jure, fouaille, tempête,
Et redouble si bien de coups
Que le pauvre, meurtri, s'abat sur les genoux.
Jean, qui passait, prend en pitié la bête.
Il s'écrie : « Oh ! c'est mal
De rudoyer ainsi ce malheureux cheval ! »
L'homme, surpris, répond d'une voix presque douce :
« Et toi, mon petit, c'est très bien
D'avoir un cœur comme le tien.
Veux-tu m'être utile? Alors pousse
A la roue et viens à mon aide. Je suis vieux.
Parler est bien, agir est mieux. »

LE DOUILLET

René s'effraie au moindre bruit,
Il se plaint de tout jour et nuit,
Qu'on le lève ou bien qu'on le couche
Qu'il éternue ou qu'il se mouche.
Un rien lui fait pousser des cris de paon.
Entendez-le : « Papa, maman,
A mon secours ! Aïe, Aïe... »
Il a dû se piquer les doigts à quelque ortie !
Plaignez le douillet, le capon
Qu'un vol de mouche
Effarouche,
Sang de navet, os de carton,
Qui tremble, qui pleure, dès qu'on
Le touche.

LES DEUX VOYAGEURS

L'important n'est pas d'aller vite,
Mais de faire bien ce qu'on fait.
Avance posément, sans viser à l'effet ;
Réfléchis, regarde et profite.

Deux voyageurs partirent un matin,
Ensemble pour la même ville,
En suivant le même chemin.
L'un allait à cheval, l'autre en automobile.
Que vouliez-vous que fît le cavalier
Contre la bruyante machine ?
Teuf, teuf, teuf, teuf !... Elle file en premier,
Semble vouloir tout balayer.
Esbroufe le passant, ébranle la chaumine,
Écrase ici, renverse là !...
Tout cela,
Pour atteindre avant l'autre l'auberge.

L'autre arrive à son tour et descend de cheval.
« Le beau chemin, dit-il, la ravissante berge
Que nous avons suivis ! Les blés ne sont pas mal;
On pourra moissonner dans moins d'une semaine.
             La vigne est belle aussi.   [promène !
Comme on s'instruit, mon cher, pendant qu'on se
       Avez-vous remarqué que dans ce pays-ci
             On semble avoir tout à merci :
Le pain, le vin, de bonne viande et de bon beurre ?
     — Je n'ai rien remarqué, non, lui dit son ami;
         Mais j'ai fait du soixante à l'heure. »

LE LAPIN QUI DEMANDE ASILE

Hier, la porte étant restée ouverte
Pour laisser le soleil et la campagne verte
Aérer notre chambre et se mirer chez nous,
Un lapin, un lapin de choux,
Entra comme le vent, se jeta par bonds fous
D'un mur à l'autre ! J'eus peur, plus peur que la bête.
Maman, sans perdre un seul instant la tête,
Cria :
« Ferme la porte ! »
Et puis : « Le bon fricot que le hasard apporte. »
Le lapin, *à quia,*
S'était blotti, tremblait au pied de la commode.
Ma mère, le prenant par les oreilles, dit :
« Comment veux-tu qu'on l'accommode ? »
J'étais tout interdit.

Ah ! j'en ai vu tuer des lapins, chez nous, certes !
Aux champs, il en faut plus pour qu'on se décon-
        Mais celui-ci,   [certe ;
  Il me semblait que nous l'aurions trahi :
Il arrivait, coursé par quelque chien, sans doute,
  N'ayant trouvé que nous, dans sa déroute,
      A qui demander pitié.
   Il était là, chétif, déjà mort à moitié...
  Maman, ayant posé le fugitif à terre,
Me dit : « Bon petit cœur qui ne sait rien me taire,
      Ne pleure pas.
    Il vivra, ce lapin ; tu l'auras
  Pour t'amuser entre les temps de classe.
Nous lui ferons un lit de paille à cette place ;
  Et puis, comme un lapin ne saurait partager
  Nos repas, tu prendras, dans notre potager,
Pour le nourrir, les feuilles les plus fraîches... »
  En un instant, mes larmes furent sèches.

   Oh ! mon lapin, mon cher petit ami,
   Doux, confiant, déjà presque docile,
    Ne te devions-nous pas asile,
   Quand on le doit même à son ennemi ?

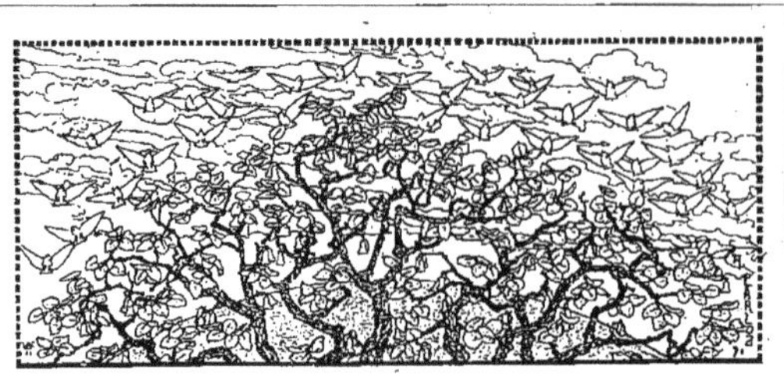

BERCEUSE

Le berceau bercé se balance,
Paisible sous son rideau blanc,
Louise, d'un souffle tremblant,
Chantonne la vieille romance :

Dodo l'enfant do
L'enfant dormira tantôt.

L'enfant do : Il sourit aux anges
Sa sœur se penche pour le voir.
Ils sont seuls : leur mère, au lavoir
Est à blanchir couches et langes...

Dodo l'enfant do
L'enfant dormira tantôt.

Leur papa, dès avant l'aurore,
Au labour, a mené les bœufs,
Le soleil sourit à tous deux
Et d'un même rayon les dore...

Dodo l'enfant do
L'enfant dormira tantôt.

Près du foyer le chat ronronne
Et ronronne le pot-au-feu ;
Sans flamber le bois siffle un peu,
Au carreau la mouche bourdonne :

Dodo l'enfant do
L'enfant dormira tantôt.

Le vieil air d'antan, comme il berce,
Calin, doux et mélodieux !...
Louise aussi ferme les yeux
Et son front charmant se renverse...

Dodo l'enfant do
L'enfant dormira tantôt.

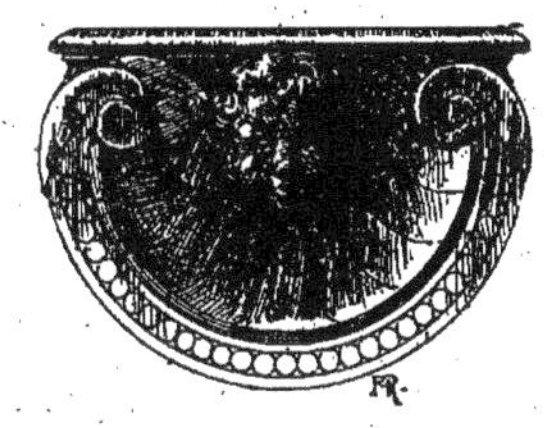

L'INDISCRÈTE

Elle fourre son nez partout,
La petite fille indiscrète ;
Son œil vous voit l'on ne sait d'où
Et son oreille est toujours prête.

Ah ! prenez garde, elle vous guette,
Parlez bas, poussez le verrou…
Elle fourre son nez partout,
La petite fille indiscrète !

Parfois, elle paraît distraite,
Mais elle approche à pas de loup
Pour saisir au vol, tout à coup,
Un peu d'une chose secrète…
Elle fourre son nez partout !

L'AIGUILLE
DANS UNE MEULE DE FOIN

Une aiguille s'étant perdue
Au fond d'une meule de foin,
Songeait . « Cette chance m'était bien due ;
Nul ne me cherchera si loin !
Je vais donc pouvoir, n'en déplaise
Au dé, mon camarade, à l'épingle, aux ciseaux,
Me reposer tout à mon aise.
Pour d'autres tourneront bobines et fuseaux !
Adieu le chanvre, adieu la laine,
Adieu soie et coton !
Je n'irai plus, ô Madeleine,
De vos doigts blancs à ceux de Jeanneton !
Qu'il sera doux de ne rien faire ! »
La fainéante ainsi songeait,
Quand un cheval, près du tas d'herbe qui séchait,
Vint à passer... Il s'en approche..., et puis le flaire,
Et puis le broute à belles dents.
Hélas ! l'aiguille était dedans
Qui le pique au cœur... Il expire...

O paresseux, qui pourra dire
Le mal que tu fais ici-bas ?
Funeste à toi, toujours ; dans bien des cas,
Pour les autres, n'es-tu pas
Pire ?

LA VIPÈRE

René disait à Jean : « Le maire de chez nous
Donne, en prime, cinq sous
Par tête de vipère qu'on lui porte. »
Jean répliqua : « Cinq sous, certes, c'est de l'argent !
Et si je ramassais une vipère morte,
J'en porterais la tête, au maire, sur-le-champ.
Quant à les prendre en vie, ami, je n'y tiens guères,
Car ça mord, tu sais, les vipères !... »
Il avait à peine achevé,
Qu'un serpent brun et vert, au front marqué d'un V,
Siffle dans l'herbe, et devant eux, se dresse...
Jean se sauve. René, plein d'audace et d'adresse,
D'un seul coup de bâton, coupe la bête en deux.
Alors, d'aussi loin qu'il peut, Jean lui crie :
« Grand sot, pour de l'argent, tu vas risquer ta vie !...
— Non, lui répond René, des larmes dans les yeux,
En montrant le serpent tordu comme une corde,
J'avais seulement peur qu'il ne te morde ! »

LES NIDS

Sous le toit, près de ma fenêtre,
Deux moineaux francs ont fait leur nid :
Quatre petits viennent d'y naître ;
Écoutez les : « Cuït, cuït, cuït, cuït ! »

Le maître veut qu'on les respecte.
L'homme doit beaucoup à l'oiseau :
L'oiseau nous garde de l'insecte,
De la mouche, du vermisseau.

L'oiseau pour l'homme fait la guerre
A ces infiniment petits
Qui rongent l'arbre, sous la terre,
Fanent nos fleurs, piquent nos fruits.

Pour les quelques grains qu'il nous vole,
Que de services il nous rend !
Puis l'oiseau chante, l'oiseau vole,
L'oiseau peuple le ciel si grand !

Jolis oiseaux, oiseaux utiles,
Merles, fauvettes, geais, pinsons,
Protégez nos terres fertiles,
Et charmez-nous de vos chansons !

MON VILLAGE

Le pays qui m'a vu naître
Est un beau pays,
Aucun ne le vaut peut-être,
C'est un paradis !
Aucun n'a son bois, sa plaine,
Ni les grands bœufs roux
Que je mène à la fontaine,
Ni les gas d' « cheu » nous.

Quel mont Blanc vaut la colline
Où je vais bêcher
Le coin de champ qui s'incline
Sous le vieux pêcher ?
On parle de grande église !...
On en peut chercher
Qui vaille l'ardoise grise
De notre clocher.

Médoc, Saint-Estèphe ou Graves
Vaudront-ils jamais
Le poiré blond de nos caves
Et nos vins clairets ?
La vigne que je vendange,
Où je vais chasser,
Et le pain bis que je mange,
Je les vois pousser.

Notre ru vaut bien un fleuve,
J'y bois dans ma main,
Son onde sent l'herbe neuve,
La ronce et le thym.
Si souvent ma bourse est plate,
J'ai le poumon plein
D'un air que rien ne frelate,
Qui ne coûte rien.

LA SOURIS GRISE

Elle a le museau pointu,
La gentille souris grise ;
Elle   cherche   friandise
Et trotte, trotte menu.

Sucre et lard font son menu
Et de lait elle se grise...
Elle a le museau pointu
La gentille souris grise.

« Ton péché, la gourmandise,
Souris, te perdra, vois-tu !
Prends garde au piège tendu
Partout, à la convoitise
De ton petit nez pointu ! »

L'HÉRITAGE

Un homme avait hérité de son père,
Pour tout bien un pauvre baudet.
Or lui qui sur des mille et sur des cents comptait,
D'un baudet qu'allait-il faire ?
« Le vendre, pensa-t-il, et j'y vais de ce pas ! »
L'âne lui dit en son langage :
« Maître ne me vendez pas :
Je suis bon travailleur, frugal en mes repas ;
Vous m'apprécierez à l'usage. »
Notre homme se laissa toucher,
Sinon convaincre par sa bête.
La voici tout de suite à la besogne prête :
A la citerne, aux champs, au labour, au bûcher,
Qu'on l'attelle ou qu'on veuille l'enfourcher,
Toujours contente, à tout elle se prête.

Et son maître bientôt ne trouva plus d'accents
Pour la louer. C'était son ami le plus tendre !
Il disait : « Mon ânon vaut des mille et des cents ;
J'aurais été fou de le vendre ! »

Le meilleur serviteur, bien souvent, n'est-il pas
Le plus humble, celui qu'on dédaigne ou qu'on raille?
Mon récit vous montre, en tout cas,
Qu'ici-bas,
Il n'est petit bien qui ne vaille.

LE MOULIN

Sur le sommet du coteau vert,
Été, printemps, automne, hiver,
Un moulin va battant ses ailes
Qui fait l'effroi des hirondelles...

Tourne, tourne, joli moulin,
De la farine on fait le pain !

Comme « Madame » sur sa tour,
Il regarde tout alentour
Pousser les blés sur la colline
Qui viendront dans son officine...

Tourne, tourne, joli moulin,
De la farine on fait le pain !

Le matin se lève sur lui,
A ses ailes flambe midi,
Et, parfois, dans les soirs d'orage
Elles accrochent un nuage.

Tourne, tourne, joli moulin,
De la farine on fait le pain !

On dit le meunier un richard,
Large du dos et gras à lard.
C'est qu'à broyer tant de farine,
Il en mange par la narine...

Tourne, tourne, joli moulin,
De la farine on fait le pain !

« La boulangère a des écus, »
Mais le meunier en a bien plus.
C'est que sans le moulin qu'il gère
Que ferait donc la boulangère ?...

Tourne, tourne, joli moulin,
De la farine on fait le pain !

Et nous-mêmes que ferions-nous
Sans le moulin, malgré nos sous ?
Le moulin fait tourner le monde,
C'est la clef de la Terre ronde...

Tourne, tourne, joli moulin,
De la farine on fait le pain !

LES CHAMPS-ÉLYSÉES

Alors qu'un soleil attendu
Du ciel gris déchire le voile,
Le long du chemin de l'Étoile
Joue un petit monde éperdu.

Des garçonnets, la joie aux lèvres,
Tournent sur les chevaux de bois ;
Des fillettes au frais minois,
Se font voiturer par des chèvres.

Ceux que tentent le macaron,
Du billard tirent la ficelle ;
Pour Guignol et Polichinelle
Des nounous s'asseyent en rond.

Quand vient l'heure de la dînette,
Des grands rires se tait l'écho...
Alors du marchand de coco
On entend tinter la sonnette !

LE BONHEUR

Le bonheur se fait goutte à goutte
De patience et de bonté :
Sois bonne avec simplicité
Et sans te hâter, suis ta route.

Bonne, simple, loyale toute,
Ah ! sois-le d'un cœur entêté :
Le bonheur se fait goutte à goutte
De patience et de bonté.

Jalouse de ta dignité,
Quoi qu'il t'arrive ou qu'il t'en coûte,
Ne farde pas la vérité ;
Aux envieux donne l'absoute...
Le bonheur se fait goutte à goutte.

LA PEINE QUI PLEURE
ET LA PEINE QUI RIT

Un homme avait la grippe, un autre la migraine,
Chacun se plaignait de son sort :
L'un se disait martyr, l'autre se croyait mort ;
C'était à qui des deux. exagérant sa peine,
Récriminant, geignant, jurant,
Se placerait au premier rang
De la souffrance humaine.
Ils avaient pour voisin un garçon de vingt ans,
Rachitique et bossu, mais, à la moindre cause,
Qui riait de toutes ses dents.
Sa gaieté déplaisait à leur humeur morose.
Un jour, non sans dépit,
L'un des deux malades lui dit :
« Rire dans votre état, mon cher, paraît folie !
Je ne donnerais pas deux sous,
A votre place, de ma vie ! »
L'infirme répondit, en narguant son courroux :
« Deux sous ! Mon bon monsieur, vous êtes bien
[féroce !
Parce que je serais aussi grincheux que vous,
En aurais-je moins ma bosse ? »

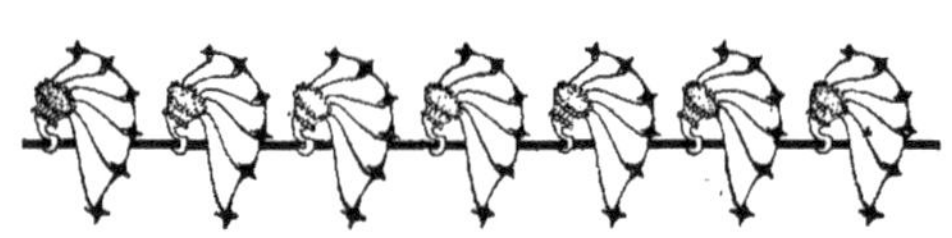

SOLIDARITÉ

Le pied, un jour, dit à la main :
« Si je te lâchais en chemin,
Que deviendrais-tu, ma commère ?
Sans moi, tu n'irais pas bien loin ! »
La main répondit : « Mon compère.
Je n'en disconviens point.
Mais, sans moi, dis, que ferais-tu toi-même ?
Te passerais-tu de la main ?
Qui donc laboure et qui donc sème ?
Qui vendange la vigne et qui pétrit le pain
Pour l'homme,
Et lui conserve, en somme,
Bon pied, bon œil ? »
Le pied se garda de répondre !
Sans tâcher plus à le confondre,
La main reprit : « Mettons de côté tout orgueil.
Le même objectif est le nôtre :
Tu me mènes, je te nourris ;
Sans parti pris,
Nous ne serions rien l'un sans l'autre. »

L'AIGLE
ET
LES OISEAUX DE BASSE-COUR

La poule, l'oie et le dindon
Vivaient en république.
C'était un peuple prosaïque,
D'autres disent un peu poltron,
Car il n'avait pas le don
Du voyage, de la conquête,
Des grands coups de taille et d'estoc,
Et ne voyait pas plus loin que la crête
De son président, le coq.
Point de tam-tam, point de panache !
La paix laborieuse. Et puis,
— Entre le portail et le puits,
L'étable où rumine la vache,
L'écurie où sont les chevaux, —
Un petit domaine,
Ignoré, sans rivaux,
Sans ambition et sans haine.

Or, il advint que le fermier,
Désirant parer son fumier
D'un plus luxueux volatile,
Fit emplette, chez un oiseleur de la ville,
— Ce rustre avait des goûts bourgeois ! —
D'un aigle.
Voyez-vous ce roi des rois
Parmi ces bons villageois,
Canards, poulets, dindons, pauvres mangeurs de
Autant dire Charles-Quint   [seigle ?
En pays républicain !
D'abord, il se pavane,
Parade devant les gogos,
Rit du coq et de ses ergots,
Même esquisse un doigt de cour à la cane.
Ses grâces n'ont point cours...
« Que faire de tels ours,
Songe-t-il, et comment à cette valetaille,
Arracher ses us de volaille,
Emplir ses jours, troubler ses nuits,
De ce que je fais, de ce que je suis ? »
De vaniteux, il n'en est pas de pire.
Or donc, sa vanité l'inspire :
Il va trouver le coq, vante à tous les échos
Ses cocoricos.
« Est-il de plus fière trompette ?
Ah ! mon cher, si vous vouliez,
Vous seriez roi des poulaillers !
Ce serait facile conquête :
Réfléchissez, un trône pour un peu de sang... »

« Vous n'êtes pas à votre rang
Dans cette mesquine Capoue,
Souffle-t-il au dindon. Regardez votre roue.
Le coq n'est pas votre cousin !
Sire, vous êtes trop modeste ;
Quand on possède un pareil geste,
Certes, l'on peut prétendre au plus noble destin ! »
Puis au canard qui se dandine :
« Le coq et le dindon m'ont fait leur général.
Nous allons conquérir la nation voisine.
O vous qui ne craignez ni mare, ni chenal
Je vous nomme grand amiral
En chef de notre marine. »
Ayant chauffé son monde à blanc,
Enflammé du petit au grand,
Haussé tout un chacun au-dessus de sa taille,
Lui-même propose bataille
A la basse-cour d'à côté.
Il lance avec témérité,
La poule, le canard, le coq, le dindon, l'oie,
Et leur bataillon se déploie.
On en vient aux becs ; on se bat ;
La plume vole ; le sang coule !
Vous pensez si plus d'un abat
Joncha la terre du combat !
Maître coq y perdit sa poule,
Et le dindon son fier jabot ;
Mère l'oie en revint pied-bot,
Le canard boitant plus qu'à l'ordinaire même !

Chacun pleure l'ami qu'il aime ;
Désunis, à bout de raison,
On rêve meurtre et trahison ;
Le plus chétif prétend au diadème.
Profitant d'un tel désarroi,
Alors, l'aigle se nomma roi.

« Peuples heureux n'ont pas d'Histoire »
Dit le vieux proverbe français.
Sois content de ton territoire,
Et n'abandonne pas, pour un semblant de gloire,
La Paix.

LE RENARD DEVENU VIEUX

Certain renard ayant fini son temps
Et perdu griffes et dents,
Songeait, faute de mieux, à prendre sa retraite.
Sa vieillesse enviait la niche toujours prête
Et la soupe chaude du chien.
En comparant son propre sort au sien,
Ça lui semblait tout simple, à présent, d'être honnête !
« Si j'étais chien, qu'aurais-je à faire ? Presque rien,
Disait-il. Surveiller le canard et la poule,
Et le pigeon qui, sur son toit, roucoule ;
Aboyer aux passants ; mener à l'abreuvoir
Les grands bœufs roux qui beuglent dans le soir.
La belle affaire !
Pour vivre en paix, n'en faut-il pas plus faire ? »

Beaucoup de gens ressemblent au renard.
Tels qui, toute leur vie, ont vécu sur la part
Des autres,
En vieillissant se montrent bons apôtres,
Et trouvent qu'il vaut mieux, pour manger à sa faim,
Être honnête homme qu'aigrefin.

AU TRAVAIL!

Allons, Jean, vite à l'école !
Laisse là ton oreiller,
Le coq chante, l'oiseau vole :
C'est l'heure de travailler.

Tout se dore à la lumière,
Le bois, le champ, le hallier,
Les vitres de la chaumière :
C'est l'heure de travailler.

Le toit du boulanger fume ;
N'entends-tu pas ferrailler
Le forgeron sur l'enclume ?
C'est l'heure de travailler.

Les bœufs tirent la charrue
Que mène le métayer ;
Le facteur est dans la rue :
C'est l'heure de travailler.

Qu'on soit paysan, notaire,
Grand savant, simple écolier,
Pour tout le monde sur terre :
C'est l'heure de travailler.

LES JUMEAUX

Ils sont tout roses, tout joufflus,
Les deux frères de Madeleine ;
Ils ont trois semaines au plus
Et sont tout roses, tout joufflus.

Gentiment, elle les promène
En poussant leur voiture au pas,
Et le vent qui souffle tout bas
Défrise leurs cheveux de laine.

Voyez, ils sont pareils en tout :
Mêmes petits cris de toutou,
Mêmes yeux bleus, mêmes fossettes
Qu'on embrasserait à pincettes.

L'un rit-il, l'autre rit aussi ;
Quand le premier geint, l'autre pleure.
Ils pleurent du même souci
Et s'égayent à la même heure.

On les appelle des jumeaux
Parce qu'ils naquirent ensemble ;
On ne peut dire par des mots
Combien l'un à l'autre ressemble...
On les appelle des jumeaux.

LES GRANDS HOMMES
DE LA RÉPUBLIQUE

Nous gardons au cœur la mémoire
Des grands hommes dont les bienfaits
Sont autant de pages d'histoire,
Et qui ne cherchèrent la gloire
Que dans le travail et la paix !

Certes, parfois, la guerre est sainte
Et nos pères nous l'ont montré.
Nous partirions, comme eux, sans plainte,
S'il fallait, de la France atteinte,
Défendre encor le sol sacré.
O République, ma patrie,
Souviens-toi de qui t'enfanta !
La France agonisait, meurtrie...
Un homme lui souffla la vie !
Son nom, retiens-le : Gambetta.

Gambetta laboura la terre
Où d'autres jetèrent le grain.
D'abord, la France, solitaire,
Pour la paix, préparant la guerre,
Se barda de fer et d'airain.
Et puis, magnifique et féconde,
Bouillonnant de son sang nouveau,
Elle s'épandit sur le Monde...
Et vingt points de la Terre ronde
S'abritèrent sous son drapeau.

Or, la France ayant fait sa preuve
D'énergie et de liberté,
Fière, sous son voile de veuve,
Sans oublier la rude épreuve,
Remit l'épée à son côté.
Regardant l'avenir en face,
Sans fanfaronnade et sans peur,
Elle répond à la menace
Par Hugo, sommet de sa race,
Par Berthelot et par Pasteur.

Hugo, Pasteur ! Que de grands hommes
Ont ceint ton front de laurier vert
Et nous ont faits ce que nous sommes,
O République !... Tu les nommes :
Renan, Littré, Ferry, Paul Bert.
Je dois à mon père de vivre ;
Mais mon cerveau, qui l'a pétri ?
A qui dois-je, aujourd'hui, de suivre
Le monde en marche, dans le Livre ?
Renan, Littré, Paul Bert, Ferry !

Nous gardons au cœur la mémoire
Des grands hommes dont les bienfaits
Sont autant de pages d'histoire,
Et qui ne cherchèrent la gloire
Que dans le travail et la paix !

TABLE DES MATIÈRES

CHARTRES. — IMPRIMERIE DURAND, RUE FULBERT.